Gatos en el sofá

Lili Schojer
ilustrado por Anne-Sophie Lanquetin

¿A quién le gusta el agua?

¿A quién le gusta la galleta?

¿A quién le gusta jugar?

¿A quién le gusta un mimo?

¿A quién le gusta la leche?

¿A quién le gusta la siesta?

¡Al sofá! ¡A todos nos gusta!